# ARISTODEME,
# TRAGEDIE.

A PARIS,
Chez TOVSSAINCT QVINET, au Palais, dans la petite
Salle, sous la montée de la Cour des Aydes.

M. DC. XLIX.

*AVEC PRIVILEGE DV ROY.*

A MONSIEVR
MONSIEVR
LE CHEVALIER
DE RIVIERE,
CONSEILLER DV
ROY EN SES CONSEILS,

Gouuerneur de la ville d'Espernay, premier Gentilhomme de la Chambre de Monseigneur le Prince, & Gouuerneur pour son Altesse de la ville & Chasteau de Nerac & Duché d'Albret.

ONSIEVR,

Ie presume trop de cette bonté auec laquelle vous receustes mon premier present,

ã ij

# EPISTRE.

pour manquer de confiance dans la liberté que ie prens de vous presenter auiourd'huy Aristodeme: Puisque vous auez souffert que ie misse vostre nom à la teste d'vn Ouurage qui ne vous estoit cognu que sur la foy d'autruy, i'ay lieu d'esperer que vous ferez la mesme grace à vn Ouurage que vous auez veu, & qui vous doit la meilleure partie de sa reputation. Si vostre generosité deuoit estre sollicitée par d'autres motifs que par ceux de sa propre gloire, ie pourrois, MONSIEVR, vous faire souuenir qu'Aristodeme a eu l'honneur de plaire à vn Prince qui n'est pas moins considerable par les lumieres de son esprit, que par les merueilles de sa valeur: Mais, quoy que le respect que vous rendez aux sentimens d'vn iugement si éclairé soit plutost l'effect d'vne iudicieuse deference que de l'autorité de son rang; Ie ne veux pas toutefois prester au present que ie vous fais vne si puissante recommandation, de peur de rendre suspecte au public l'approbation que vous luy auez desia donnée, & d'amoindrir la grace de vo-

# EPISTRE.

ſtre protection. Ie veux, MONSIEVR, vous la deuoir toute entiere, & bien que ie ſçache que vous voulez tenir toute la dignité de voſtre nom de la grandeur du Maiſtre que vous ſeruez, ie conſidere en vous vn éclat qui vous eſt ſi propre & ſi naturel, qu'il eſt bien aiſé de voir qu'il ne vient que de vous, & qu'il eſt moins en vous l'ouurage que le principe & le fondement de voſtre faueur. Et ie m'aſſeure, MONSIEVR, que ſi voſtre modeſtie me permettoit de vous preſenter à vous-meſme vn tableau de ce que vous eſtes, on y obſerueroit des traits qui vous ſont ſi particuliers, qu'il ne faudroit que ietter les yeux deſſus luy pour vous diſtinguer de tout ce qui n'eſt pas vous-meſme ; Cette parfaite intelligence dans toute ſorte d'affaires, cette adreſſe à les conduire, & cette promptitude à les executer, ſe treuuent rarement dans vne autre perſonne, que dans la voſtre ; & ſans aller trop loin ie puis tirer de ce que vous auez fait dans nos derniers deſordres vne preuue aſſez illuſtre de cette haute prudence ; mais ie laiſſe

ã iij

# EPISTRE.

à l'hiſtoire qui eſt la depoſitaire des grandes actions, à publier des choſes dont l'éclat s'effaceroit dans l'obſcurité d'vne lettre. Ie me contente, MONSIEVR, de vous conſiderer dans ces ſoins genereux que vous rendez continuellement à ceux que vous aymez, & ſur tout aux perſonnes de voſtre païs; puiſque par là i'eſpere non ſeulement de vous engager puiſſamment dans la protection d'Ariſtodeme, qui a donné tout ſon ſang pour le ſien, mais encore de vous faire agreer l'inuiolable proteſtation que i'ay faite d'eſtre plus qu'homme du monde,

MONSIEVR,

Voſtre trés humble & tres-obeïſſant ſeruiteur,

BOYER.

*Extraict du priuilege du Roy.*

PAR grace & priuilege du Roy donné à Paris le 20. iour de Nouemb. 1647. Signé, Par le Roy en son Conseil, LE BRVN, Il est permis à TOVSSAINCT QVINET Marchand Libraire à Paris, d'imprimer ou faire imprimer, vendre & distribuer vne piece de Theatre intitulée *Aristodeme*, *Tragicomedie*, *par le sieur Boyer*, durant le temps & espace de cinq ans, à compter du iour qu'il sera acheué d'imprimer : Et defenses sont faites à tous Imprimeurs, Libraires & autres, de contrefaire ledit Liure, ny le vendre ou exposer en vente à peine de trois mil liures d'amende, & de tous despens, dommages & interests, ainsi qu'il est plus amplement porté par lesdites Lettres, qui sont en vertu du present extraict tenuës pour bien & deuëment signifiées, à ce qu'aucun n'en pretende cause d'ignorance.

*Acheué d'imprimer pour la premiere fois le 28. Nouembre 1648.*

Les Exemplaires ont esté fournis.

## ACTEVRS.

EVPHAES,      Roy de Messenie, amoureux de Merope.

ARISTODEME,      Prince de Messenie, pere d'Argie.

ALCIDAMAS,      Prince de Messenie, amoureux d'Argie.

CRESPHONTE,      Fils de Theopompe Roy de Sparte, inconnu sous le nom d'Epebole amoureux d'Argie.

ARGIE,

MEROPE,      Fille de la Prestresse Ismite, & cruë sœur d'Alcidamas.

ALCMENE,      Confidente d'Argie.

ARCAS,      Enuoyé de Theopompe.

TROVPE DE SOLDATS.

*La Scene est sur le mont Ithomé deuant le Temple de Iupiter.*

ARISTO-

# ARISTODEME
## TRAGICOMEDIE.

# ACTE I.
## SCENE PREMIERE.
LE ROY, ARISTODEME, EPEBOLE.

### LE ROY.

EN vain contre l'effort d'vne sanglante guerre,
Retranchés sur ce mont qui semble fuïr la terre,
Nous defendons l'honneur du nom Messenien
Si le demon de Sparte est plus fort que le sien.
Il triomphe, & malgré les efforts de nos armes
Apres tout nostre sang nous arrache des larmes.
Oüy, Princes, en l'estat où nous reduit le sort
Où le moindre malheur est celuy de la mort.

A

# ARISTODEME,

A l'effroyable objet des maux qu'on nous prepare
Ie sens que malgré moy ma constance s'égare;
Et ie ne sçaurois voir qu'auec la larme à l'œil
Toute la Messenie au bord de son cercueil.

 Helas! pour quel forfait, pour quel crime execrable
Luy faites-vous, grands Dieux, un sort si deplorable?
Ou pourquoy si ce coup ne pouuoit s'éuiter
Attendiez-vous mon regne à le faire éclater?

 Dieu du mont Ithomé, Dieu de toute la terre
Qui souuent de ce Temple as lancé le tonnerre,
Souffres-tu qu'auiourd'huy tes ennemis mortels
Nous viennent égorger au pied de tes Autels?
Que leur Religion dans le sang étouffee
Renouuelle à tes yeux les desordres d'Amphée?
Et que Sparte employant le fer & le flambeau
De ton Temple & du mont fasse un ardant tombeau?
Est-ce ainsi puissant Dieu que tu nous abandonnes?
Messene va perir puisque tu nous l'ordonnes;
Mais nostre desespoir se meslant à nos coups,
Ceux qui la font perir, periront auec nous.

 Vaillant Aristodeme, & toy mon cher Cresphonte
Que l'ennemy iamais n'éprouua qu'à sa honte,
Et qui sans estre issu du sang Messenien,
De Messene pourtant t'és rendu le soustien;
Preuenez auec moy la cruelle disgrace
Dont depuis si long-temps le destin nous menace;
Et pour ne pas nous voir honteusement soumis
S'il faut tomber, tombons auec nos ennemis.

# TRAGICOMEDIE.

### ARISTODEME.

N'agrauez pas, Seigneur, les malheurs de Meſſene,
Bien que le Ciel ſur elle ait deployé ſa haine,
Apres les grands exploits qu'à faits voſtre valeur
Elle peut hardiment deffier le malheur:
Et tant que voſtre bras ſouſtiendra ſa querelle
Si Sparte ne flechit la guerre eſt immortelle,
Du ſuperbe ſommet de ce mont orgueilleux
Le mal qu'ils nous ont fait retombera ſur eux.
Nous le renuerſerons deſſus leurs propres teſtes,
De ces lieux éleuez partiront les tempeſtes,
Dont les traits par nous meſme heureuſement conduits
Les reduiront bien-toſt où nous ſommes reduits.

### LE ROY.

Ariſtodeme, pers cette eſperance vaine,
Iuge plus ſainement des malheurs de Meſſene,
Et ſçache qu'ils ſont tels que pour borner leur cours
Les Dieux ont trop long-temps differé leur ſecours,
A peine ils le pourroient de puiſſance abſoluë,
Mais deſia dans le Ciel ſa perte eſt reſoluë.
Les prodiges ſanglans qui nous ont menacez,
Nous font voir contre nous tous les Dieux courroucez,
Tout le monde a tremblé ſous vn coup de tonnerre,
Cent phantoſmes hideux ſe ſont leuez de terre,
Et rempliſſant ces lieux de triſteſſe & d'effroy
Androcle & ſes amis ont paru deuant moy.

A ij

# ARISTODEME,

Tel qu'alors qu'opposant sa puissance Royale
A la guerre qu'il crût à son païs fatale,
Beaucoup plus fort que luy, quoy qu'en vn mesme rang,
Mon pere Antiochus la signa de son sang.
L'heure vient, m'a-t'il dict, où le Ciel delibere
De me vanger sur toy du crime de ton pere.
Mais las! par des rigueurs que i'ay peine à souffrir
Toute la Messenie auec toy doit perir.
   A ces mots il se perd dans le sein d'vne nuë,
Les épais tourbillons qui m'en ostent la veuë,
Sont sans cesse percez de mille & mille esclairs
Qui peignent nos malheurs dans le vague des airs.
On oyt bruire par tout des instrumens de guerre:
Vne pluye de sang tombe sur cette terre,
La couure de serpens, d'insectes, & d'abord
Nous respirons vn air de poison & de mort,
Vn si triste destin eut-il iamais d'exemple?

### EPEBOLE.

Ioignez à ces horreurs ce qui se fait au Temple.
Déja prés de l'Autel les Prestres par trois fois
Auoient sommé les Dieux d'accourir à leur voix.
La pureté du feu prest pour le sacrifice
Nous faisoit esperer vn succez plus propice.
L'encens montoit au Ciel auecque liberté,
Mais si tost qu'à la dextre vn foudre eut éclaté,
Le Ministre effrayé lasche les deux victimes
Qui deuoient expier la grandeur de nos crimes.

# TRAGICOMEDIE.

L'vne eschape & s'enfuit, l'autre court à l'Autel,
Arreste, tombe & meurt auant le coup mortel.
Le Prestre épouuenté de voir ses funerailles
Cherche encor nos destins au fond de ses entrailles.
Mais passant plus auant il voit auec erreur,
Vn serpent qui mouroit en luy rongeant le cœur.

### ARISTODEME.

O de nos derniers maux triste & dernier presage!
C'est ce prodige affreux qui m'oste le courage.
Tout est perdu pour nous.

### LE ROY.

     C'est l'extréme malheur
Qui des vrais genereux redouble la valeur.
Allons doncques amis où nous attend la gloire,
Vne éclatante mort vaut mieux qu'vne victoire.
Puisque c'est triompher des hommes & du sort
De finir de beaux iours par vne illustre mort.

### ARISTODEME.

Suiuons vn sentiment si noble & si sublime.
Mais Alcidamas vient.

A iij

# ARISTODEME,

## SCENE II.

ARISTODEME, LE ROY, ALCIDAMAS,
Troupe des Gardes, EPEBOLE.

#### ALCIDAMAS.

ENfin, Roy magnanime,
Les Dieux vont retirer Meſſene de ſes fers,
Ils ont déja touchez des maux qu'elle a ſoufferts,
Commencé ſon ſalut par vn fameux miracle,
Nous n'attendions plus rien du coſté de l'Oracle,
Tiſis eſtant crû mort, à peine à nos eſprits
Reſtoit le ſouuenir du ſoin qu'il auoit pris.
Cependant il reuient, & ſon zele inuincible
Nous porte d'Apollon le remede infaillible.
Il reuient, & le Dieu qu'il porte dans ſon ſein
Du camp des ennemis l'a tiré par la main.

#### LE ROY.

Quoy! Tiſis vit encor, ô friuole eſperance!

#### EPEBOLE.

Mais quand bien ſon ſalut auroit quelque apparence,
Peut-il pour nous reuſir aborder des remparts
Que nos fiers ennemis ceignent de toutes parts?

# TRAGICOMEDIE.

*Ne vous trompez-vous point ?*

### ALCIDAMAS.

      *Par cette deffiance*
*Vous accusez les Dieux de manquer de puissance;*
*Mais, Seigneur, écoutez ce qu'ils ont fait pour nous,*
*Et par là connoissez la fin de leur courroux.*
 *Marchant sous la faueur du Dieu qui l'accompagne,*
*Tisis touchoit déja les bords de la montagne,*
*Quand voyant tous nos champs couuerts de pauillons,*
*Tant de corps destachez, tant d'épais bataillons*
*De nos murs ruinez, luy defendre l'entrée,*
*L'ame de deplaisir & de douleur outrée,*
*Il tourna vers le Ciel ses yeux grossis de pleurs,*
*Et par ces tristes mots deplore nos malheurs.*
 *Ie te vois cher païs au bord de ta ruine,*
*Et pouuant arrester la colere diuine,*
*Alors que ie te vois sur le poinct de perir*
*Ie porte ton remede & ne puis te guerir.*
 *O Dieu qui m'as commis ta volonté supréme,*
*M'abandonneras-tu dans ce besoin extréme ?*
*Non, non, ie sens ton ayde, elle vient à propos.*
*Au camp des ennemis il s'engage à ces mots,*
*Et treuuant vn quartier sans beaucoup de defense,*
*Où le rapide Haly des montagnes s'élance;*
*Il surprend l'ennemy, l'enfonce, se fait iour,*
*Le seul fleuue pour lors s'oppose à son retour,*
*Mais l'extréme danger redoublant son courage,*

Il pousse son cheual qui le passe à la nage:
L'ennemy qui le suit confus, épouuenté,
Sur vn pont de bateaux gagne l'autre costé,
Se range sur les bords, couure tout le riuage,
Et luy prepare au port vn asseuré naufrage.

### LE ROY.

Dans cette extremité que fera-t'il grands Dieux?

### ALCIDAMAS.

La mort de toutes parts se presente à ses yeux,
Dans les eaux, sur la terre, il la voit infaillible:
Mais à tous ces perils son esprit insensible
De l'amour du païs occupé pleinement,
S'il craint en cet estat c'est pour nous seulement.
Cependant le vieux fleuue ennuyé de sa chaine,
Connoissant son vainqueur & celuy de Messene,
Va rendre sur les bords ce precieux fardeau.
L'ennemy qui craignoit de le perdre dans l'eau
Luy fait place, il paroist sur sa natale terre,
Il s'auance, & sentant que l'ennemy l'enserre
Il voit sans se troubler par ce second effort
Dresser superbement l'appareil de sa mort.
Il les preuient, il part, & plus viste qu'vn foudre
D'abord aux plus ardans il fait mordre la poudre,
Les renuerse à ses pieds l'vn sur l'autre entassez,
Et se fait vn rempart de morts ou de blessez.
Les coups marquent du Dieu l'infaillible presence;

Mais

# TRAGICOMEDIE.

Mais malgré sa valeur, malgré sa resistance,
Contre tant d'ennemis ne pouuant se sauuer
Blessé, mourant il tombe, & l'on court l'acheuer.

### ARISTODEME.

Ah! Tisis que ta mort nous va couster de larmes.

### LE ROY.

Iustes Dieux!

### ALCIDAMAS.

   Il alloit expirer sous leurs armes,
Quand du milieu des airs vne terrible voix
Leur fait ouyr ces mots par trois diuerses fois.
Sacrileges, sauuez le porteur de l'Oracle.
Ces Tigres furieux frappez de ce miracle,
Voyant combien le Ciel prenoit soin de ses iours
Oublient leur fureur, s'offrent à son secours.
Ils vouloient l'emporter dans leur tente prochaine:
Mais Tisis dans l'ardeur de secourir Messene,
Se seruant du pouuoir que luy donnoient les Dieux,
Commande qu'aussi-tost on le porte en ces lieux.
On obeït, il vient enuironné de gloire,
Ses ennemis confus annoncent sa victoire
Par de profonds soupirs & de tristes regards,
Et portent leur vainqueur au pied de nos remparts.
Et c'est là que i'ay sceu ce succez admirable.

B

# ARISTODEME,

LE ROY.

Grands Dieux! apres vn sort à ce poinct fauorable
I'ose tout esperer.

### ARISTODEME.

Graces aux immortels,
Que de mille presens on charge leurs Autels.

### ALCIDAMAS.

Allons par mille ieux celebrer la iournee
Qui des Messeniens change la destinee.

### LE ROY.

Ah! si pour l'honorer par vn dernier bonheur,
Connoissant de quel feu ie brûle pour ta sœur,
Tu voulois acheuer cet heureux hymenee
Pour qui semblent les Dieux marquer cette iournee,
Que ie serois heureux si dans vn mesme iour
Ie faisois triompher Messene & mon amour.
Car pour rendre auiourd'huy ma victoire acheuée,
Si ie voyois ta sœur sur mon trône éleuée
I'irois pour l'affermir par mille exploits diuers,
Vaincre nos ennemis, subiuguer l'Vniuers,
Et pour faire par tout regner ma souueraine
Ioindre toute la terre aux Estats de Messene.

# TRAGICOMEDIE.

### ALCIDAMAS.

*L'honneur que vous offrez est pour nous trop charmant*
*Pour le vouloir, Seigneur, differer d'vn moment.*
*Et puis qu'vn meilleur sort auiourd'huy nous enuoye,*
*En nous rendant Tisis, tant de sujets de ioye,*
*Celebrons vn hymen si long-temps desiré,*
*Qu'vn malheur sans relasche a tousiours differé.*
*Seigneur par son aveu que le mien authorise,*
*Si vous le souhaitez, ma sœur vous est acquise.*

### LE ROY.

*Que te pourray-je rendre apres vn tel bienfait?*

### ALCIDAMAS.

*Helas! si mon merite égaloit mon souhait,*
*Si ce Prince touché des peines que i'endure*
*Vouloit.*

### ARISTODEME.

*Alcidamas vous me faites iniure,*
*Quoy? ne sçauez-vous pas que ma fille est à vous?*
*Ouy, puisque le destin se declare pour nous:*
*Ce iour si vous voulez verra vostre hymenee.*

### ALCIDAMAS.

*Que ie baise ses mains.*

B ij

## ARISTODEME,

EPEBOLE s'en va.

O cruelle iournee!
Ie l'ayme & pleure.

### ALCIDAMAS.

Tisis deuant nos Dieux
Vient expofer l'oracle & mourir à leurs yeux.

# SCENE III.

LE ROY, TISIS, ARISTODEME,
ALCIDAMAS, EPEBOLE.

### LE ROY.

AH! Tifis.

### TISIS.

Grace au Dieu qui m'a fauué la vie,
Ie reuois mes amis, mon Prince, & ma patrie.
Trop heureux puis qu'encor au dernier de mes iours
Ie leur rends en mourant vn vtile fecours.
Que te rendray je, ô Dieu! pour vn bienfait fi rare?

# TRAGICOMEDIE.

### ARISTODEME.

*Helas!*

### TISIS.

Qu'à l'adorer vn chacun se prepare.
Peuple Messenien, vous Princes, vous mon Roy,
Oyez, oyez, le Dieu qui vous parle par moy.

### ORACLE.

Que l'on iette le sort sur les Vierges d'Egypte,
Que l'vne de ce sang immolée au Cocyte,
Aux lieux d'où le Haly precipite ses eaux,
Pour appaiser Androcle, & ses manes funebres,
Sans regret & dans les tenebres
Tombe sous les sacrez cousteaux.

Voila ce que les Dieux m'ordonnoient de vous dire,
Faites leur volonté; qu'on m'emporte, i'expire.
Adieu Roy, Peuple, Amis que ie ne verray plus,
Vsez bien de l'Oracle, ou vous estes perdus.

B iij

# ARISTODEME,

## SCENE IV.

### LE ROY, ARISTODEME, ALCIDAMAS, EPEBOLE.

#### LE ROY lit l'Oracle.

Que nous demandez-vous ? grands Dieux !

#### ALCIDAMAS.

*Aristodeme.*

Qu'est-ce cy ?

#### ARISTODEME.

Iustes Dieux sauuez-moy du blaspheme,
Ah ! Seigneur.

#### LE ROY.

C'est à vous que l'Oracle a parlé,
Prince c'est vostre sang qui doit estre immolé.

#### ARISTODEME.

Les Dieux veulent mon sang, ie veux leur satisfaire,
Pour le sang de la fille offrir celuy du pere ;
Je vous l'offre, grands Dieux, acceptez mon trépas,
Mais ie voy bien, cruels vous ne le voulez pas.

# TRAGICOMEDIE.

Et vous me demandez pour sauuer ma patrie
Vn sang qui m'est plus cher, donc ie te pers Argie.
### ALCIDAMAS.
Le Ciel peut la sauuer.
### LE ROY.
     Quoy cher Prince?
### ALCIDAMAS.
        Seigneur,
Ma sœur doit aspirer à ce fatal bonheur.
Elle est du sang d'Epyte.
### LE ROY.
      Ah! frere trop barbare.
### ALCIDAMAS.
Mais trop sensible amant.
### ARISTODEME.
      Le mal qu'on nous prepare
Menace également & ma fille & ta sœur;
Le sort doit disposer d'vn si funeste honneur.
Estant seules du sang propre à ce sacrifice,
Il faudra que pour nous l'vn ou l'autre perisse.
### LE ROY.
Ah! que nostre salut nous sera cher vendu.
### ALCIDAMAS.
Est-ce là ce secours si long-temps attendu?
Dieux cruels, Dieux sanglans, & vous manes funebres
Qui pour nous tourmenter sortez de vos tenebres;
Androcle objet remply de menace & d'effroy.
### LE ROY.
Que ne demandiez-vous qu'on vous offrist vn Roy?

Apres vn tel Arrest qui seroit legitime,
J'eusse esté sans tarder le Prestre & la victime.
### ARISTODEME.
L'vn & l'autre ressent vne pareille ardeur.
Ie répons pour ma fille, il répond pour sa sœur.
Puis qu'il faut par leur sang sauuer la Messenie,
Que l'on les iette au sort.
### LE ROY.
      Dieux! quelle tyrannie?
Que ne nous monstrez-vous quel est nostre desir:
Sans remettre au hazard le pouuoir de choisir.
Faudra-t'il que le sort.
### ARISTODEME.
      N'importe, qu'il choisisse.
Allons, allons pouruoir à ce grand Sacrifice.
### ALCIDAMAS parlant au Roy.
Vous y resoluez-vous?
### LE ROY.
Ah! cher Prince.
### ALCIDAMAS.
      Ah! Seigneur.
### LE ROY.
Tu pers Alcidamas ta maistresse ou ta sœur.
Sauuez Merope, ô Dieux!
### ALCIDAMAS.
      Pour sauuer sa patrie
Si l'ame doit perir, grands Dieux sauuez Argie.

Fin du premier Acte.

ACTE

# ACTE II.

## SCENE PREMIERE.

ARGIE, MEROPE.

MEROPE.

ARGIE, à qui le Ciel m'vnit si fortement,
Enfin nous approchons de ce fatal moment,
Ou pour calmer des Dieux la colere obstinée
L'vn ou l'autre doit voir sa course terminée,
Et receuoir au gré des caprices du sort
L'irreuocable Arrest ou de vie ou de mort.
  C'est nous seules, c'est nous que l'oracle demande,
Vne Vierge Epityde en doit estre l'offrande.
Si seules nous restons du sang Epytien
On ne luy peut offrir que ton sang ou le mien.
Que si l'vne des deux y doit perdre la vie,
Quelle sera-ce enfin de Merope ou d'Argie?
Dans la necessité de cette triste loy
Ah! ie crains tout pour elle, & ne crains rien pour moy.

### ARGIE.

*Espargne ma foiblesse, & tache de suspendre*
*Le noble sentiment d'vne amitié si tendre.*
*Icy tes sentimens vont affoiblir les miens,*
*Plus tu crains pour mes iours plus ie crains pour les tiens.*
*Quoy? si c'est vn honneur que le Ciel me destine,*
*Si ma mort, du païs diuertit la ruine,*
*Voyant couler mon sang pour vn sujet si beau*
*Voudrois-tu de tes pleurs arrouser mon tombeau?*
*Pour moy ie te le dis, malgré cette tendresse*
*Qui fait que pour tes iours mon ame s'interesse.*
*Si le Ciel veut ton sang, & neglige le mien,*
*Ie pleureray mon sort, loin de pleurer le tien.*

### MEROPE.

*Tu voudrois en mourant me conseruer la vie,*
*Et tu ne peux souffrir que ie te porte enuie,*
*Ah! c'est faire à ma gloire vne trop dure loy*
*De vouloir que i'en sois moins ialouse que toy.*
*Laisse moy cet honneur, & permets que i'espere*
*De sauuer par ma perte & ma sœur & mon frere,*
*Amour l'vnit à toy par de si forts liens*
*Que le cours de ses iours se regle sur les tiens.*
*Et s'il faut auiourd'huy que tu perdes la vie*
*La mort d'Alcidamas suiura celle d'Argie.*

# TRAGICOMEDIE.

### ARGIE.

Ie ne connois que trop l'amour d'Alcidamas,
Mais s'il plaignoit ma perte, il ne m'aimeroit pas;
Et sa lâche pitié meriteroit ma haine
S'il ne pouuoit la vaincre en faueur de Messene:
Et si par son trépas il osoit luy rauir
Vn bras qui l'a seruie & qui peut la seruir.
Si i'en suis la victime, il doit voir auec ioye
Cet eclatant honneur que le Ciel nous enuoye;
Et loin de l'effacer par de lâches soupirs
Ioindre pour l'obtenir ses vœux à mes desirs.
Que s'il voit que mon sang ne luy soit pas vtile
Qu'il baigne alors du sien les cendres de sa ville;
Pour me faire vn spectacle aussi charmant que beau
Que dessous sa ruine il s'erige vn tombeau.
Que sa propre deffaite égale vne victoire,
Et que mesme en tombant il se couure de gloire.
 C'est de ce noble orgueil qu'il se doit enflammer;
Et s'il veut que ie l'ayme, & s'il ose m'aymer.
Ie l'ayme cependant, & mon humeur seuere
En faueur de la sœur a flechy pour le frere.
I'auois peine à souffrir son courage boüillant,
Volage, imperieux, inquiet, turbulent.
Et si pour son amour i'eus de la complaisance,
C'est lors que sa vertu regla sa violence.
Mais ie le haïrois s'il falloit qu'auiourd'huy
Nous rougissions du feu que i'ay conceu pour luy.

*Pour le rendre durable autant que legitime*
*Il faut que son courage égale mon estime.*
*Si tu vois chere sœur, si tu vois que le Roy*
*N'ait pas sur ce suiet mesmes pensers pour toy,*
*Imite mon exemple, & pour viure sans blâme*
*Dépoüille cette amour qui regne dans ton âme,*
*Et si pour sa vertu tu daignas l'y placer,*
*En la voyant perir tâche de l'en chasser...*

### MEROPE.

*Helas!*

### ARGIE.

*Qu'est-ce ma sœur?*

### MEROPE.

*Ie l'ayme, & i'en soupire,*
*Il regne dans mon cœur comme dans cet Empire,*
*Et malgré mes efforts ce Monarque absolu*
*A pris plus de pouuoir que ie n'aurois voulu.*
*Quoy que ce cœur soit plein de cette illustre enuie*
*Qui fait qu'auec plaisir ie renonce à la vie;*
*Ie vois ce beau desir meslé de quelque ennuy,*
*Et crains également pour mon frere & pour luy.*

# TRAGICOMEDIE. 21

### ARGIE.

Quoy? ma sœur, est-ce ainsi qu'on renonce à la gloire?
Quoy? veux-tu sans combat me ceder la victoire?
Ta generosité si tost s'euanouït?
Et loin de t'éclairer ton amour t'éblouït?
S'il te souuient ma sœur du dessein de l'Oracle,
Ta douleur à ta gloire est vn puissant obstacle,
Il veut que la victime approche de l'Autel,
Et voye auec plaisir tomber le coup mortel.

### MEROPE.

Je le vois bien, ma sœur, tu seras la victime,
Les Dieux ne sçauroient faire vn choix plus legitime,
Ie ne merite pas vne si belle mort,
Et ce n'est que sur toy que tombera le sort.
Déja le Temple s'oüure, & cet Arrest seuere
Eclate euidemment sur le front de ton pere.

C iij

## SCENE II.

ARISTODEME, ARGIE, MEROPE.

ARGIE.

Mon pere, qui mourra de Merope ou de moy?

ARISTODEME.

Helas!

ARGIE.

Vous soupirez.

MEROPE.

O rigoureuse loy!
Si i'ose interpreter ses soupirs & sa plainte,
I'y vois le triste effet de ma trop iuste crainte,
Ie te pers, chere sœur, comme ie l'ay predit.

ARGIE.

Mon pere, est-ce ma mort qui vous rend interdit?
Pouuez-vous, deuenu ialoux de ma victoire,
Par vne iniuste plainte en effacer la gloire?

# TRAGICOMEDIE. 23

### ARISTODEME.

Nos maux ne seront point par ton sang effacez.
Non, ma fille, le Ciel ne t'ayme pas assez.
   Merope c'est pour vous que le sort se declare,
C'est à vous qu'il reserue vne faueur si rare.
Mais bien que vostre sort me semble & noble & doux
Ie ne puis m'empescher de soupirer pour vous,
Voyant que le malheur dont elle est poursuiuie
Doit couster à Messene vne si belle vie.

### ARGIE.

O Ciel! qu'ay-je entendu? cet Arrest me surprend,
Et bien que preparee à ce malheur si grand
Ie n'en puis sans fremir entendre la nouuelle.

### MEROPE.

Hé quoy? vostre vertu vous abandonne-t'elle?
Suiure des sentimens quand vous les condamnez,
C'est bien mal pratiquer ce que vous enseignez:
Rendez-vous à vous-mesme, & que vostre courage
S'oppose fortement à ce dernier orage.

### ARGIE.

Ie n'ay pû de mes sens vaincre la trahison,
L'amour verse ces pleurs, & non pas la raison,
Au lieu de m'en blasmer, il faut que l'on m'en louë.
Si mon œil les reprend mon cœur les desauoüe,

*Et malgré moy ie donne en cette extremité*
*Des marques de tendresse, & non de lâcheté.*
*Non ie ne change point, & mon ame est rauie,*
*Qu'vn si beau trépas suiue vne si belle vie;*
*Donc puis qu'il plaist aux Dieux va genereuse sœur*
*Receuoir vn laurier d'immortelle splendeur,*
*Auec moins de regret ie pers cette Couronne,*
*Puisque le Ciel me l'oste afin qu'il te la donne.*
*Va pendant que ta sœur d'vn esprit plus remis*
*Partagera ta gloire autant qu'il est permis:*
*Si ta perte nous sauue, ainsi que i'ose croire,*
*On me verra iouïr du fruit de ta victoire;*
*Non ie ne mourray point, mais si mon cher païs*
*Voit son plus doux espoir & nos desirs trahis*
*Alors sans plus tarder i'iray ioindre ton ombre,*
*Et poussant des sanglots & des soupirs sans nombre,*
*Nous n'aurons desormais de plus doux entretien*
*Que celuy du debris du nom Messenien.*
*Non, Sparte n'aura pas le cruel auantage*
*De me voir soupirer sous vn triste esclauage,*
*Si les Messeniens secondent mes desseins*
*Ils ne succomberont que par leurs propres mains.*

## MEROPE.

*De grace esperons mieux de la bonté celeste;*
*Mon trépas n'aura point de suite si funeste,*
*Si mon sang n'esteignoit la colere des Dieux*
*D'adorable qu'ils sont ils seroient odieux.*

C'est

# TRAGICOMEDIE.

C'est crime d'en douter, ils tiendront leur parole.
Mais dans ce doux espoir tout ce qui me console
C'est de voir que l'amour, dont tu brûles pour moy,
Souffre qu'apres ma mort, ie viue encore en toy.
Pour mourir pleinement glorieuse & contente
Il ne me restoit plus que cette douce attente.

### ARISTODEME.

Merope, en me voyant de douleur transporté
Cachez mieux cet excez de generosité.
Vostre illustre vertu redouble icy ma peine,
Elle me fait trop voir ce que perdra Messene,
Et iusques à quel poinct va le courroux des Cieux,
Puis qu'il faut l'appaiser d'vn sang si precieux.
Dieux! si ie puis choquer vos decrets sans blaspheme
Vous deuiez demander celuy d'Aristodeme.

### MEROPE.

Quoy, Seigneur, mon bonheur vous fait aussi souffrir
Quand la faueur du Ciel me destine à mourir,
Ialoux d'vn si beau sort vous me portez enuie.

### ARISTODEME.

Que ne puis-je en mourant vous conseruer la vie?
Messene en mon trépas ne peut perdre que moy.
Mais las! en vous perdant elle perdra son Roy.
Vostre frere ny luy dedans cette occurrence
N'ont pû prés des Autels seconder ma constance,

D

# 26 ARISTODEME,

*L'esprit de tous les deux tout noble & grand qu'il est*
*N'a pas osé du son voir prononcer l'Arrest.*
*Pour s'en instruire enfin l'vn & l'autre s'auance,*
*Ie vous laisse ce soin, i'éuite leur presence.*
*Et ie cours cependant d'vn pas precipité*
*Remettre les esprits d'vn peuple épouuenté.*

## SCENE III.

### LE ROY, ALCIDAMAS, ARGIE, MEROPE.

#### ALCIDAMAS.

*ARistodeme fuit & se cache à ma veuë,*
*Ie conçois de sa fuite vn soupçon qui me tuë.*

#### LE ROY.

*Qu'en croiray-ie moy-mesme? & qu'en dois-je iuger?*

#### ALCIDAMAS.

*Helas! de tous costez, i'ay dequoy m'affliger,*
*Ou ie pers vne sœur, ou ie pers vne amante,*
*Tout desir m'est fatal, tout succez m'épouuente:*
*Cruelle destinee!*

# TRAGICOMEDIE.

ARGIE.

*Ah! ma sœur.*

## MEROPE.

*Ah! ma sœur.*

## LE ROY.

*Leurs visages sont peints d'vne égale douleur,*
*Et dans le triste excez du mal qui les opprime*
*Ie ne puis discerner qui sera la victime.*

## ARGIE.

*Helas!*

## ALCIDAMAS.

*Doncques le Ciel vous condamne à mourir,*
*Est-ce le seul moyen qui nous peut secourir ?*

## ARGIE.

*De grace expliquez mieux mes soupirs & mes larmes,*
*Dans vn si beau trépas ie trouuerois des charmes.*
*Il seroit plein pour moy de gloire & de douceur,*
*Mais tout me semble horrible en celuy de ma sœur,*
*C'est par l'arrest du sort qu'elle nous est rauie,*
*Et le cruel qu'il est me condamne à la vie.*

D ij

## ARISTODEME,

### LE ROY.

*Est-ce à ce rude coup que tu m'as condamné*
*Grand Dieu ? Tombe plutost ce trône infortuné.*

### MEROPE.

*Que dites-vous, Seigneur ?*

### ALCIDAMAS.

*Ah ! ma sœur, ah ! Princesse.*

### ARGIE.

*Epargne, Alcidamas, la douleur qui me presse;*
*Si tu m'aymes encor, si tu plains mon malheur*
*Vien seconder mes soins pour conseruer ta sœur.*
*Adieu, Merope, adieu, ie sens que mon courage*
*Cede insensiblement à ce dernier orage;*
*Et malgré mon effort de douleur abbatu*
*Voit auec deplaisir chanceler ma vertu.*
*Va, suy l'ordre des Dieux, que rien ne te retienne,*
*Laisse-moy ma vertu ie te laisse la tienne.*

### MEROPE.

*Quoy ? si tost me quitter ? arreste encor.*

### ARGIE.

*Helas ?*

# TRAGICOMEDIE.

## MEROPE.

Ayme-moy chere sœur, mesme apres le trépas.
Adieu.

## ARGIE.

Prince suy moy dans vn coup si funeste,
Tu tiens entre tes mains tout l'espoir qui me reste.

# SCENE IV.

## LE ROY, MEROPE.

## LE ROY,

Vous voulez donc mourir?

## MEROPE.

Grand Prince, qu'est-ce cy?
Loin de me consoler vous m'affligez aussi?
Quand le Ciel à nos vœux deuenu plus propice
Nous retire du bord d'vn affreux precipice;

D iij

# ARISTODEME,

Est-ce d'vn œil si triste & si peu satisfait
Que l'on doit receuoir vn si rare bienfait ?
Ah! reconnoissez mieux cette faueur insigne,
En paroistre affligé seroit s'en rendre indigne ;
Que si l'amour produit vn si bas sentiment
Pour estre meilleur Roy ne soyez plus amant.
Ou bien songez pour vaincre vn si dangereux zele
Que ie ne puis tomber d'vne cheute plus belle.
Ny subir vn trépas plus noble ny plus doux,
Puis qu'il doit conseruer & vostre Estat & vous.

### LE ROY.

Ah! perisse plutost mon Estat & moy-mesme,
I'abandonne pour vous & sceptre & diademe :
C'est vn pesant fardeau que ie n'ay dû porter
Qu'autant qu'il m'a serui pour vous mieux meriter.
Par ce fidelle aueu iugez s'il est possible
Que ie monstre à ce coup vn courage insensible ;
Quand vostre mort asseure & ma vie & mon rang,
Moy ie refuserois des pleurs à ce beau sang ?
Plus vous me témoignez vne ardeur si fidelle,
Plus ie me monstrerois indigne de ce zele,
Plus vous le signalez en ces illustres soins ;
Enfin plus vous m'aymez, ie vous aymerois moins.
Il faut que mon amour comme le vostre éclate,
Si le Ciel veut qu'icy ie monstre vne ame ingrate,
S'il ose condamner des sentimens si beaux
Qu'il garde son remede & nous laisse nos maux.

# TRAGICOMEDIE. 31
## MEROPE.

*Craignez que sa bonté ne se change en colere,*
*Ce transport violent ne peut que luy déplaire,*
*Si vous osez, Seigneur, resister à sa loy*
*Vous allez perdre & vous & vostre peuple & moy.*
*Au lieu qu'en subissant cette loy souueraine*
*Ie puis vous conseruer, aussi bien que Messene.*

## LE ROY.

*Il ne sçauroit plus loin estendre son courroux,*
*Qu'importe qu'auiourd'huy tout perisse auec vous,*
*Vous me tenez lieu seule & de peuple & d'Empire,*
*Si ie vous pers mon sort ne sçauroit estre pire.*
*Ce n'est pas que ie veüille empescher son arrest,*
*Ie le respecte encor à cause qu'il vous plaist.*
*Suiuez vostre destin, ie vous laisse à vous-mesme,*
*Voyez, belle Princesse, à quel poinct ie vous aime;*
*Ie veux vous imitant deuenir genereux,*
*Il veut vne victime, & i'en veux offrir deux.*
*Me voicy resolu de ne pas vous suruiure,*
*Au moins ne m'a-t'il pas defendu de vous suiure,*
*Et si ie m'en souuiens son arrest rigoureux*
*Ne m'oste pas l'espoir qui reste aux malheureux.*
*Choisissant vostre sang mon trépas luy doit plaire,*
*L'amour qui nous vnit la rendu necessaire,*

# ARISTODEME,

Et le Ciel qui vous perd par la bouche du sort,
Auec le mesme Arrest me condamne à la mort.
Il faut pour me sauuer qu'il en choisisse vn autre.

### MEROPE.

Donc le fruict de ma mort va perir par la vostre?
Mon sort en vous quittant me sembloit assez doux
Quand i'osois esperer que ie mourrois pour vous.
Mais par vos cruautez ma mort perd tous ses charmes.

### LE ROY.

Vous en devriez trouuer dans la fin de mes larmes,
Et sçachant que la mort en doit borner le cours
Ne vous pas obstiner à prolonger mes iours,
Est-ce m'aymer?

### MEROPE.

                Voyez où l'amour m'a reduite,
J'abhorre mon trépas quand i'en preuois la suite.
Trop sensible pour vous, insensible pour moy,
Ie vois le mien sans peur, le vostre auec effroy.
Qu'ay-ie dit? ie le dois auoüer à ma honte,
Messene est la plus foible, & mon feu la surmonte,
Voyant que mon trépas vous va faire perir,
Oubliant mon païs i'ay regret de mourir.
Estes-vous satisfait de cet aueu si lâche?
Ie souffre pour vous seul cette honteuse tache,

# TRAGICOMEDIE.

*Pour vous seul ie me rens par ce zele obstiné*
*Indigne de l'honneur qui m'estoit destiné.*

### LE ROY.

*Que cet aveu charmant seroit digne d'estime*
*S'il obligeoit les Dieux à changer de victime,*
*Et si pour ce beau sang qu'ils exigent de nous*
*Ou le mien ou tout autre appaisoit leur courroux.*

### MEROPE.

*Vostre amour vous aueugle, & sçait mal se defendre,*
*D'vne indigne pitié qui tache à vous surprendre,*
*Si ce cœur amoureux a bien pû surmonter*
*L'extreme deplaisir que i'ay de vous quitter.*
*Quand de lasches pensers vous defendent de viure*
*Resistez au transport qui vous force à me suiure.*
*J'acqueray de la gloire en cherchant le trepas.*
*Mais la vostre redouble en ne me suiuant pas.*
*Adieu.*

### LE ROY.

*Vous me quittez.*

### MEROPE.

*Prince il faut s'y resoudre.*

E

## ARISTODEME;

LE ROY.

Elle part, ie la pers, ô dernier coup de foudre
Ie ne puis resister à ton cruel effort,
Et ie tombe déja par la peur de sa mort.
Douleurs, iustes douleurs accablez mon courage,
Et par vn traict mortel acheuez vostre ouurage.

Fin du second Acte.

# TRAGICOMEDIE.

## ACTE III.

### SCENE PREMIERE.

ARGIE, ALCMENE.

ARGIE.

Voy? Merope est sauuee, elle ne mourra pas?
Que dans ce changement ie rencontre d'appas!

ALCMENE.

Ignoriez-vous encor cet important mystere?
Tout le monde l'a sceu.

ARGIE.

Quoy?

ALCMENE.

Qu'Ismire est sa mere.

E ij

# ARISTODEME,

ARGIE.

Quoy? la Prestresse Ismire?

### ALCMENE.

On a long-temps couuert
Aux yeux de tout le monde vn crime qui la perd.
Sçachez donc vn secret caché par son silence.
Ismire ne pouuant sauuer son innocence,
D'vn hymen contracté contre vn vœu solennel,
Et n'osant publier cet acte criminel,
Pour sauuer d'vn affront Ismire & sa famille,
Lisciscus auoüa Merope pour sa fille,
L'asseura dans sa mort, & depuis son trépas
Elle a passé pour sœur du Prince Alcidamas.
Mais Ismire voyant qu'on l'offroit pour victime,
A crû que son silence augmenteroit son crime,
Son zele & sa pitié nous dessillent les yeux.

### ARGIE.

Ton amour a formé ce projet glorieux
Fidelle Alcidamas, pour ce bienfait extreme
Que ne te dois-je point !

### ALCMENE.

Il s'est seruy luy-mesme,
Il a sauué sa sœur, & sçachez qu'auiourd'huy
Epebole a moins fait, mais plus osé que luy.

# TRAGICOMEDIE

Cet estranger.

### ARGIE.

Enfin vostre discours m'offense;
Epebole est trop cher à vostre confidence,
Si tost qu'Alcidamas s'offre à mon souuenir
Auec vostre inconnu voulez-vous l'en bannir?

### ALCMENE.

Il merite beaucoup, & ie ne m'en puis taire.

### ARGIE.

Alcmene, ce discours peut enfin me deplaire,
Croyez-en dauantage, & nous en dites moins.

### ALCMENE bas.

Pauure Prince, qu'en vain ie te donne mes soins.

### ARGIE.

Mais que fait-on au Temple ?

### ALCMENE.

On voit la populace,
Ne sçachant par quel sang destourner la menace
Qui dans tout ce païs a porté la terreur,
Se couurir de tristesse & paslir de frayeur.

ARGIE.

*Parmy tant d'affligez que fait Aristodeme?*
*Mais il vient.*

# SCENE II.

ARISTODEME, ARGIE, ALCMENE.

### ARISTODEME.

*JE la voy, mon cœur c'eſt elle-meſme,*
*Fuyons, fuyons ſes yeux, perdons-là ſans la voir:*
*Mais pluroſt à ſes yeux faiſons noſtre deuoir.*

### ARGIE.

*Hé! bien Seigneur, les Dieux nous ont fait grace entiere,*
*Leur extreme bonté répond à ma priere.*
*Ma ſœur ne mourra point; que ce ſuccez eſt doux.*

### ARISTODEME.

*Il l'eſt pour toy ma fille, & ne l'eſt pas pour tous.*

# TRAGICOMEDIE.

### ARGIE.

Il doit l'estre, Seigneur, puis qu'il est legitime,
Nous nous acquitterons par vne autre victime.

### ARISTODEME.

Oüy, sans plus consulter sur ce choix important,
Ie t'apprens que c'est toy que cet honneur attend.

### ARGIE.

Cette grace, Seigneur, surpasse la premiere.

### ARISTODEME.

Mais le vouloir des Dieux se perd dans la derniere.
Ils demandent du sang, mais par la main du sort
Et de ma propre main ie te liure à la mort.
Ah! lâche, soustiens mieux la grandeur de ton zele;
Si c'est dessein pour toy, c'est vn hazard pour elle.

### ARGIE.

Non, ie l'auois preueu, ne me dérobez rien,
Sçachez que vostre choix ne preuient pas le mien.
Quand aux Dieux, pour ma sœur, i'osois demäder grace,
Ie leur offrois vn sang qui peut remplir sa place.
Il est vray que du sort ie tiens ce beau trépas,
Puisque c'est vn bonheur que ie n'esperois pas.
Graces aux immortels, qui pour se satisfaire
Aux desirs de la fille adioustent ceux du pere.

## ARISTODEME,

ARISTODEME.

*Helas!*

ARGIE.

Vous soupirez, est-ce pour nos malheurs?
Est-ce pour vne mort qui doit tarir nos pleurs?
La nuë est sur le poinct de creuer sur nos testes,
Et ie cours au deuant de ses noires tempestes,
Ie suis entre la foudre & les Messeniens,
Et preste d'éclater seule ie la retiens.
Pourray-je de mes iours faire vn plus digne vsage
Qu'en les sacrifiant à ce noble auantage?
Puis-je aller à la mort par vn chemin plus beau
Qu'en cherchant sur l'autel vn illustre tombeau?

ARISTODEME.

Ah! ma fille, ah! mon sang, souffre que ie t'embrasse,
Que tu vas esleuer l'honneur de nostre race?
Pardonne des soupirs, pardonne moy des pleurs
Témoins de ta vertu, mieux que de mes douleurs.
I'ay voulu découurir quelle est ton asseurance,
Par vn traict de foiblesse éprouuer ta constance;
Et par l'impression de ces soupirs forcez
Voir si tes nobles vœux pourroient estre effacez,
Mais ie le reconnois, ô sang d'Aristodeme,
La niepce d'Epytus sera tousiours la mesme.

*Ie te*

# TRAGICOMEDIE.

Ie te vois maintenant aller d'vn front égal
Sur les Autels des Dieux souffrir le coup fatal,
Par vn beau sacrifice arrester le tonnerre,
Et noyer dans ton sang le flambeau de la guerre.
Soupçons, & vous soupirs à mon cœur échappez,
Ie vous voy maintenant heureusement trompez.

### ARGIE.

Oüy, sans que de ma part vous craigniez quelque obstacle
Vous pouuez hardiment me promettre à l'Oracle.
Ie sçauray comme il faut degager vostre foy,
Et l'on doit s'asseurer & de vous & de moy.

### ARISTODEME.

Helas! ta fermeté me surprend & m'estonne.
Voyant tant de vertu, la mienne m'abandonne;
Et ma gloire indignee à peine à m'arracher
Le desir d'vn honneur qui me couste si cher.
Mais, sentimens d'vn cœur à soy-mesme infidele;
Mourez, mourez de honte, & respectez mon zele;
C'est dedans ce combat que vous deuez perir,
Et c'est vaincre pour vous que d'y sçauoir mourir;
Ie cours rauir le peuple, & par cette nouuelle
Luy faire ressentir les effets de mon zele.
Apres ce grand effort prens mes derniers adieux,
Ie ne te verray plus qu'entre les mains des Dieux.

F

## SCENE III.

### ALCMENE, ARGIE.

#### ALCMENE.

AH! Madame, est-ce là cette belle iournée
Qui deuoit acheuer cet heureux hymenee?

#### ARGIE.

Aimable Alcidamas! ie te pers & te plains,
Insensible à mon mal c'est pour toy que ie crains,
Que si dans cette mort ie trouue quelques charmes
Souuiens-toy qu'en mourant ie te donne des larmes.
Mais il vient, & la ioye éclate sur son front.
Helas! qu'il va souffrir d'vn changement si prompt.
D'où te vient ce transport, & quel Dieu te l'enuoye?

# TRAGICOMEDIE, 43

## SCENE IV.

ALCIDAMAS, ARGIE, ALCMENE.

### ALCIDAMAS.

Vous pouuez aysément expliquer cette ioye,
Sçachant que nul bonheur n'a droict de me rauir,
Que celuy seulement que i'ay de vous seruir.
Les Dieux sauuent Merope & se lauent du crime
D'auoir contre vos vœux choisi cette victime.
Il est vray qu'à ce bien meslant quelque rigueur,
En seruant mon amour ils m'ostent vne sœur,
Puisque pour la sauuer d'vn trépas necessaire
Il a fallu qu'Ismire ait passé pour sa mere.

### ARGIE.

Son merite chez toy luy rend son premier rang;
Mais puis qu'enfin les Dieux veulent vn autre sang,
Afin de m'acquitter de ce bienfait extréme,
Si ie t'oste vne sœur ie me donne moy-mesme.

F ij

## ARISTODEME,

ALCIDAMAS.

Princesse à quel bonheur...

ARGIE l'interrompant.

Si proche du trépas
En te faisant ce don ie ne rougiray pas.

ALCIDAMAS.

Vous parlez de mourir quand vous me faites grace:

ARGIE.

Merope estant sauuee, il faut remplir sa place.

ALCIDAMAS.

I'ay sceu mettre à couuert des iours si precieux,
Estant seule du sang que demandent nos Dieux,
On ne peut par le sort satisfaire à l'Oracle.

ARGIE.

Mon zele genereux a leué cet obstacle.

ALCIDAMAS.

Quoy, Madame, quel zele est iniuste à ce point
D'offrir aux Dieux vn sang qu'ils ne demandent point?

# TRAGICOMEDIE. 45

ARGIE.

Ce zele est, comme aux Dieux, à moy-mesme fidelle,
De leur oster ta sœur & de m'offrir pour elle.

ALCIDAMAS.

Auez-vous resolu d'éprouuer mon amour ?

ARGIE.

Le salut de Merope a mis ta flame au iour,
Elle paroist assez dans ce bienfait extréme.

ALCIDAMAS.

Appellez-vous bienfait ce qui vous perd vous mesme ?
Mais pour vous conseruer i'iray tout découurir,
Et Merope est ma sœur si vous voulez mourir.

ARGIE.

On ne nous trompe pas auec cet artifice.

ALCIDAMAS.

Me traitez-vous, Madame, auec tant d'iniustice ?
Donc ie vous ay perduë, au lieu de vous sauuer ?
Et par le mesme soin qui vous doit conseruer.
Donc de ma propre main i'immole ma Princesse,
Pour sauuer vne sœur ie pers vne maistresse ?
Et pour me mettre encor au poinct de tout souffrir

F iij

Vous vous donnez à moy quand vous allez mourir.
Si cet aueu vous rend digne de cette peine,
Reprenez vostre amour, laissez-moy vostre haine,
Que sous le poids mortel de mille deplaisirs
Ce cœur.

### ARGIE.

Epargnez-moy d'inutiles soupirs,
Qui ne seruant icy qu'à souiller ma memoire
N'empeschent pas ma mort, & m'en ostent la gloire.

### ALCIDAMAS.

Ah! vous ne mourrez point. Que tous les immortels
Soient plutost sans victime ainsi que sans Autels ;
Que nos fiers ennemis dessous leur tyrannie
Fassent plutost gemir toute la Messenie ;
Que ce mont esbranlé par mille tremblemens
Se renuerse sur moy iusqu'à ses fondemens ;
Et pour tout hazarder dans ce peril extreme
Que vous me haïssiez autant que ie vous ayme.
Ne vous estonnez pas d'vn desordre si grand,
Alors que ie vous pers tout m'est indifferent.
Pardonnez toutesfois à mon dernier blaspheme,
Si i'ose en vous perdant m'aigrir contre moy-mesme;
Depiter tous les Dieux, deffier leur courroux,
Ma fureur ne doit pas aller iusques à vous.

# TRAGICOMEDIE. 47

### ARGIE.

Elle ose toutefois pour ternir ma memoire
Arrester vn dessein qui me coûure de gloire;
Quoy? lâche Alcidamas, tu voudrois empescher
Vn trépas que l'honneur me doit rendre si cher?
Le salut du païs, le vœu d'Aristodeme
M'y forceroient sans doute en depit de moy-mesme.
Quand la compassion de tes tendres soupirs
Me pourroit inspirer de contraires desirs.

### ALCIDAMAS.

Quoy? vostre pere mesme, ah! fatale auenture,
Ingrat à mon amour autant qu'à la nature.
Luy qui doit estre icy mon vnique secours
A la fureur des Dieux abandonne vos iours.
Voyez iusqu'où le Ciel fait monter sa colere.
Afin de me punir tout me deuient contraire;
Il nous fait voir le sang armé contre le sang,
Et se sert de moy-mesme à me percer le flanc.
Mais malgré tous les Dieux, vostre pere & moy-mesme
Seul ie vous sauueray de ce peril extreme.
I'iray sur les Autels signaler ma douleur,
I'iray vous arracher au Sacrificateur,
Et de quelque façon que ce coup reüssisse
I'iray par mille morts troubler le sacrifice.
On verra par l'effort d'vn amour furieux
Sous des autels brisez les images des Dieux.

# ARISTODEME,

Et ces cruels tyrans qu'on peint auec la foudre
Renuersez de leur trône & cachez sous la poudre.

### ARGIE.

Ah! ne t'emporte point à ces lâches douleurs,
Et par ton desespoir n'accrois point nos malheurs;
Si tu dois trebucher tombe au moins auec gloire,
Que ton sang soit le prix d'vne illustre victoire,
Ou plutost souuiens-toy que ie porte en ce flanc
Dequoy flechir les Dieux sans y mesler ton sang,
Et que tous deux vainqueurs du malheur où nous sommes
J'appaiseray les Dieux quand tu vaincras les hommes.
Vis doncques pour ta gloire, & malgré ta douleur
Laisse nous vn espoir fondé sur ta valeur,
Et ne nous oste pas par vne mort cruelle
Les effets de ma mort, & le fruict de mon zele.
Si le respect des Dieux, si l'amour de ton Roy
N'empeschent pas ta mort, vis pour l'amour de moy.

### ALCIDAMAS.

Ah! pitié rigoureuse! ah! cruelle tendresse!
Qu'ay-ie fait contre vous trop aimable Princesse
Qui vous puisse obliger à prolonger vn sort
Dont l'extreme rigueur est pire que la mort?
Quel crime ay-ie commis qui me condamne à viure?
Et qui m'oste auiourd'huy la gloire de vous suiure,
Ou plutost quel motif vous oblige à perir?

Quand

# TRAGICOMEDIE.

*Quand par d'autres moyens on nous peut secourir ?*
*Si vous m'aimiez.*

### ARGIE.

*Helas! pleust aux Dieux que mon ame*
*Peust au moins quand ie meurs, te decouvrir ma flame.*

### ALCIDAMAS.

*Doncques par cet amour si cher à mes desirs,*
*Qui fait toute ma ioye & tous mes deplaisirs;*
*Par cet œil adoré plus craint que le tonnerre*
*Qui ne devroit perir qu'auec toute la terre;*
*Par ce torrent de pleurs dont le deüil des mortels*
*Doit auec vostre sang arroser nos Autels;*
*Par l'effroyable objet de cette mort cruelle*
*Qui frappe mon amour d'vne crainte mortelle;*
*Par ce grand desespoir.*

### ARGIE.

*Ah! Prince c'est assez,*
*N'exige pas de moy des sentimens forcez;*
*Adieu, ie fuis des pleurs qui troublent ma constance,*
*Te consolent les Dieux que ta douleur offense.*

G

# ARISTODEME,

## SCENE V.

### ALCIDAMAS seul.

Allez, impitoyable, abandonnez ces lieux,
Fuyez vn miserable, & courez à vos Dieux;
A ces Dieux sans amour, à ces Dieux homicides
Du sang des innocens cruellement auides ;
A ces Dieux impuissans, dont le secours fatal
Ne peut guerir nos maux que par vn plus grand mal,
Et dont l'oracle obscur qui ne sçait nous apprendre
Quels vœux il faut former, quel sang il faut repandre,
Nous faisant immoler ce qu'il faut conseruer,
Nous fait soüiller d'vn sang qui nous devroit lauer.
 Mais où m'emportez-vous inutiles blasphemes,
Vous me secourez mal dans ces malheurs extremes ;
Enleuons vn tresor que l'on nous veut rauir:
Mais helas! c'est la perdre au lieu de la seruir.
Ie vois luire par tout le flambeau de la guerre,
Et c'est ici pour nous le seul bout de la terre.
Donques par des efforts qui me seront permis
Eclate ma fureur contre nos ennemis.
Et qu'vn torrent de sang qu'on peut verser sans crime
Nous épargne le sang d'vne seule victime.

# TRAGICOMEDIE.

*Si tes vœux, iuste Ciel, ne sont pas satisfaits,*
*Si ton courroux encor resiste à nos souhaits,*
*Nos exploicts t'apprendront qu'en l'estat où nous sommes*
*Nous pouuons triompher & des Dieux & des hommes,*
*Et que sans se fier à quelqu'autre pouuoir*
*On peut tout esperer d'vn iuste desespoir.*
*Cher & noble dessein ; mais dessein temeraire,*
*Seul, sans aucun secours, quel effort puis-je faire*
*Epebole ?*

## SCENE VI.

### EPEBOLE, ALCIDAMAS.

#### EPEBOLE.

*AH! Seigneur, ie ressens vos douleurs.*

#### ALCIDAMAS.

*N'as-tu, contre mon mal, que le secours des pleurs ?*
*Il faut tout hazarder pour sauuer la Princesse.*

#### EPEBOLE.

*Mon cœur pour son salut à ce poinct s'interesse,*
*Que si vous consentez à ce que ie feray,*
*Ie vous promets, Seigneur, que ie la sauueray.*

## ARISTODEME,

ALCIDAMAS.

Oüy, ie consens à tout pour secourir Argie.

EPEBOLE.

Vostre aveu me suffit pour luy sauuer la vie;
Mais peut-estre il vous nuit plus que vous ne pensez.

ALCIDAMAS.

*Qu'elle viue.*

EPEBOLE.

*Craignez.*

ALCIDAMAS.

*N'importe.*

EPEBOLE.

*C'est assez.*

Fin du troisiesme Acte.

TRAGICOMEDIE 53

## ACTE IV.

### SCENE PREMIERE,

MEROPE, ALCIDAMAS,
ARISTODEME, LE ROY.

#### MEROPE.

Voy Seigneur ? quoy mon frere est-ce ainsi que
l'on me ioüe ?
Est-ce pour me sauuer que l'on me desauoüe ?
Ah ! loin de me sauuer par ce sanglant affront
Vous rendez mon trépas plus funeste & plus prompt.
Souffrez, loin de m'oster vn honneur si sublime,
Puisque ie dois mourir, que ie meure en victime.
Et toy frere trop lâche, amant plein de rigueur
Regarde par quel soin tu rachetes ta sœur.

G iij

# ARISTODEME,

ALCIDAMAS.

Ah! ma sœur!

MEROPE.

Par ce nom que m'a rendu mon frere,
Apprenez que ma mort est un coup necessaire,
Qu'on ne songe donc plus d'offrir aux immortels
Que ce sang, que le sort destine à leurs Autels.
Que tarde-t'on?

ALCIDAMAS au Roy.

Seigneur.

LE ROY.

Foible & lâche tendresse!
Tu trahis ton païs pour sauuer ta maistresse,
Veux-tu pour luy rauir l'honneur de ce trepas,
Offrir aux Dieux un sang qu'ils ne demandent pas?
Exposer de nouueau ta malheureuse terre,
A de maux plus cruels que celuy de la guerre.
Prince, helas! à quel poinct l'emporte sa douleur?

*à Aristo-
deme.*

ARISTODEME.

Pers, pers, Alcidamas, ou regle ton ardeur.
En vain pour destourner le trepas de ma fille,
Tu veux faire rentrer Merope en ta famille,
Elle n'est point du sang dont l'Oracle a parlé,

# TRAGICOMEDIE. 55

Et le mien seulement luy doit estre immolé.
Ne nous enuiez pas vn honneur si funeste
Merope, & iouyssez du bonheur qui vous reste,
Mon Prince vous doit rendre en vous donnant sa foy
Plus d'éclat qu'on n'en tire à descendre d'vn Roy.

 Vous amant genereux, monstrez cette grande ame, *à Alcidamas*
Secondez noblement le zele qui m'enflame,
Ne vous dérobez pas cet éclat glorieux;
Consentez au present que nous faisons aux Dieux:
Et si pour le païs vostre cœur s'interesse,
Si ie donne mon sang, donnez vne maistresse.
Que le pere & l'amant triomphent en ce iour,
Moy des forces du sang, vous de celles d'amour.

## ALCIDAMAS.

Ne vous estonnez pas dans cette conioncture
Si vous voyant trop fort à vaincre la nature,
Et prodigue d'vn sang qu'on destine à l'Autel,
Ie me monstre ennemy d'vn zele si cruel.
Tout interest me choque, & tout deuoir me blesse,
S'il m'ose conseiller de perdre vne maistresse.
L'amour, ce Dieu puissant est vn tyran jaloux
Qui ne cede iamais le droict qu'il a sur nous.
Ne pensez pas pourtant qu'vne ardeur criminelle
Enuers nostre pays refroidisse mon zele;
En sauuant vostre sang, ie sauue le païs,
Ie veux vaincre vne erreur qui vous auroit trahis.

Appaisez-vous le Ciel par une iuste offrande ?
Donnez-luy comme moy le sang qu'il vous demande;
Puis qu'il faut vous flechir par la mort de ma sœur,
Detrompez les grands Dieux, d'une fatale erreur.

### LE ROY.

C'est trop, Alcidamas, cette ardeur obstinee
Par les Dieux, par vous mesme, est déja condamnee.

### ARISTODEME.

Souffrez donc qu'un trépas trop long-temps attendu
Rende à mon sang l'honneur que Merope a perdu.

### LE ROY.

Dieux ! si par un tel sang il faut vous satisfaire
Acceptez une fille offerte par son pere.

### MEROPE.

Ah Seigneur !

### ALCIDAMAS.

Ah ! grand Roy i'embrasse vos genoux.

### LE ROY.

Voulez-vous de nos Dieux irriter le courroux ?
Du moins pour meriter l'effet de sa parole,
Differez cette plainte au retour d'Epebole.

Il est

# TRAGICOMEDIE.

*Il est dedans le camp pour voir nos ennemis,*
*Et ses soins obtiendront ce qu'il nous a promis.*
*Mais ie le voy qui vient.*

## SCENE II.

### LE ROY, ARISTODEME, EPEBOLE, ALCIDAMAS, MEROPE.

Troupe des Gardes.

#### LE ROY.

He! bien amy fidelle
*As-tu veu Theopompe? & Sparte flechit-elle?*

#### EPEBOLE.

*Tout incline à la paix.*

#### LE ROY.

*Ce succez me surprend,*
*Et i'admire vn miracle & si prompt & si grand.*

H

# ARISTODEME,

EPEBOLE.

Vous en verrez un autre en lisant cette lettre,
Puis vous sçaurez d'Arcas les desseins de son maistre.

LE ROY lit la lettre.

Puisque les Dieux enfin rendent à nos souhaits
Vn fils long-temps caché sous le nom d'Epebole;
Qu'il dispose à son gré du traicté de la paix;
Mais pour mieux asseurer la foy de ma parole
Et pour haster l'effect de mes iustes desseins
Ie le remets entre vos mains.

THEOPOMPE.

*Ah Cresphonte!*

ARISTODEME.

*Ah! Prince incomparable.*

ALCIDAMAS à Cresphonte.

Dieux que vostre retour me sera fauorable,
Que ne puis-je, Seigneur, en cet heureux moment
Egaler les effets à mon ressentiment?

LE ROY.

Mais, Prince, quel motif ou quelle deffiance
Vous ont fait si long-temps cacher vostre naissance?

# TRAGICOMEDIE.

### CRESPHONTE.

Apprenez, apprenez ce qu'a fait mon amour.
I'eſtois auprés d'Androcle inconnu dans ſa cour,
Où l'on vit voſtre pere expoſer cette terre
Au ſuccez incertain d'vne ſi longue guerre.
Androcle en ma faueur trauerſant ſon deſſein
Il vint nous attaquer les armes à la main;
Dans ce deſordre affreux ou l'vn & l'autre Prince
En deux puiſſans partis arma cette Prouince;
Androcle ſuccombant ſous le premier effort
Ie ſuiuis ſa diſgrace, & ie paſſay pour mort.
Mon pere qui le crût arme auec diligence,
Et vient dans tous ces lieux ſignaler ma vengeance.
Tandis i'aymois Argie, & ſa poſſeſſion
Bornoit toute ma gloire & mon ambition.
Ie r'entre en voſtre Cour, où mon amour fidelle
Par des vœux ſeulement ſe declaroit pour elle,
Sçachant qu'Alcidamas ce Prince genereux,
Par l'eſpoir d'vn hymen s'oppoſoit à mes vœux:
Mais mon pere auiourd'huy fauorable à ma peine
Remettant dans mes mains les Eſtats de Meſſene,
I'oſe me declarer, & ie puis mettre au iour
Ma naiſſance & mes vœux, ma gloire & mon amour.
Vous donc, Roy magnanime, & vous Ariſtodeme
Monſtrez vn cœur ſenſible à mon ardeur extréme,
Et ſi ie m'offre à vous auec trop peu d'appas
Conſiderez la main qui vous rend vos Eſtats.

H ij

# 60 ARISTODEME,

*Et qui s'interessant pour le salut d'Argie*
*Vient poser à ses pieds toute la Messenie.*

### ALCIDAMAS.

*Dieux! qu'est-ce que j'entens?*

### LE ROY.

*Ah! Prince genereux*
*Qui pourroit iustement s'opposer à vos vœux?*

### ARISTODEME.

*à Alcidamas.* *Ou le trône ou l'Autel attendent ta maistresse,*
*Cher Prince, si pour nous ta pitié s'interesse,*
*Puisque tu ne sçaurois la conserver pour toy,*
*Garde-là de perir, & pour elle & pour moy.*

### ALCIDAMAS.

*Où me reduisez-vous, Cresphonte, Aristodeme?*

### ARISTODEME.

*La veux-tu voir perir?*

### ALCIDAMAS.

*Non, qu'elle vive, & l'ayme.*

### ARISTODEME.

*Je vay la disposer à ce rare bonheur.*

# TRAGICOMEDIE. 61

MEROPE.

Mon frere...

LE ROY.

Laissez-luy digerer sa douleur,
Si son cœur est touché de la perte d'Argie
Il doit baiser la main qui luy sauue la vie.

CRESPHONTE.

Que ie souffre en voyant les maux que ie luy fais.

LE ROY.

Ie vais auec Arcas consulter de la paix.
Venez, vous que le Ciel destine à ma Couronne
Receuoir vostre part des soins qu'elle me donne.

à Merope.

## SCENE III.

ALCIDAMAS, CRESPHONTE.

ALCIDAMAS.

Est-ce là ce secours que vous m'auiez promis,
Amy plus dangereux que tous nos ennemis.

CRESPHONTE.

Ah! Prince pardonnez à l'excez de ma flame,
Ie n'attens de vos feux ny reproche ny blâme,
Ce n'est pas contre vous que i'ose disputer
Vn bien que vostre amour pouuoit seul meriter,
Ce n'est qu'à vos malheurs que ie dérobe Argie,
Et sans considerer en luy sauuant la vie
A qui peut, ou seruir, ou nuire cet effort,
Par vn zele amoureux ie l'arrache à la mort,
Ie sçay qu'en la sauuant de ce peril extreme,
Apres l'aueu du Roy, celuy d'Aristodeme,
Ie la puis iustement disputer contre tous;
Toutesfois ie ne veux la tenir que de vous.

# TRAGICOMEDIE. 63

## ALCIDAMAS.

Helas! cette bonté rend mon tourment plus rude,
Je fais ce que ie puis pour fuir l'ingratitude,
Mais ne pouuant ceder ny retenir mon bien,
Quand ie veux tout donner ie ne vous donne rien?
Apres l'aueu du Roy, celuy d'Aristodeme,
La Princesse arrachée à ce peril extréme,
Ie vous cede, Seigneur, vn bien qui m'est si cher,
Et c'est moy toutesfois qui dois vous l'arracher.

## CRESPHONTE.

Quoy? vous me l'osteriez apres l'auoir cedee,
Quand ce n'est qu'en priant que ie l'ay demandée.

## ALCIDAMAS.

Vn obstacle secret vous oste ce present,
Ie suis iuste, Seigneur, si ie fus complaisant,
Je l'ay teu par respect deuant Aristodeme,
Et ie devrois encor le cacher à vous-mesme,
Si ie ne sçauois bien qu'vn aueu genereux
Doit borner vn respect qui nuiroit à tous deux.
N'esperez plus, chassez vne flame obstinee.

## ARISTODEME,

CRESPHONTE.

Comment?

ALCIDAMAS.

Elle est à moy par les loix d'hymenee.

CRESPHONTE.

Que ces mots sur mon cœur font un puissant effet,
Et qu'ils vous vangent bien du mal qu'on vous a fait,
Hé bien! il faut quitter des esperances vaines,
Iouyssez de mes soins, & du fruict de mes peines.
Ingrat Aristodeme où me reduisez-vous?
Si vous m'auez charmé par un espoir si doux,
Regardez ce que souffre une amour méprisee,
Et par un faux espoir lâchement abusee.
Ah! ce n'est pas ainsi qu'il en falloit vser,
Il falloit me conduire, & non pas m'abuser.
Et si vous negligiez de soulager ma peine,
Vous deuiez respecter le maistre de Messene.
Mais puis qu'il faut agir auec des ingrats
Si vous gardez vos biens, rendez-moy vos Estats,
Si vous vouliez la paix vous me rendriez Argie,
Sans m'oster pour iamais le repos de ma vie.

ALCI.

# TRAGICOMEDIE.

### ALCIDAMAS.

Si c'est vn coup du sort qui nous rend malheureux,
Plus nous sommes ingrats, rendez-vous genereux.

### CRESPHONTE.

Qu'il est doux d'inspirer vne si noble enuie
Quand on se peut vanter de posseder Argie ;
Mais non, ie vay treuuer l'auteur de mes malheurs,
Et tacher d'égaler sa honte à mes douleurs.
Oüy, Prince, il apprendra, l'ingrat Aristodeme,
A quel poinct m'a choqué son lache stratageme,
Ie vay luy declarer son crime & mon malheur,
Et le mettre en estat de craindre ma douleur.

# SCENE IV.

### ALCIDAMAS seul.

Helas! de tous costez ma peine est infinie,
Par tout, cruel destin, ie sens ta tyrannie.

*Ie veux par l'imposture asseurer mon amour;*
*Et ce crime me perd, si l'on le met au iour.*
*Où me suis-je emporté? qu'ay-ie fait temeraire?*
*Mais enfin qu'ay-ie fait que ie ne deusse faire,*
*Si la Princesse osoit condamner cet effort*
*I'aurois pour l'appaiser mon amour, ou ma mort.*
*Mais Dieux de quel transport est-elle possedee?*
*Euitons.*

## SCENE V.

### ALCIDAMAS, ARGIE.

#### ARGIE.

*FVis, ingrat, apres m'auoir cedee*
*Mais sçache que ce don te doit estre fatal,*
*Non que par mon aveu ie sois à ton riual;*
*Mais ie sors de tes mains, & ie veux qu'il m'obtienne*
*De ma main seulement, & non pas de la tienne.*
*Va perfide.*

#### ALCIDAMAS.

*Ah! Madame, écoutez vn moment*
*Donnez plus de matiere à ce ressentiment,*

# TRAGICOMEDIE. 67

Ecoutez, écoutez vn aueu temeraire,
Non celuy que i'ay fait, mais que ie deuois faire,
Connoissant son merite autant que mes defaux,
Et ce que vous valez, & le peu que ie vaux,
Sçachant bien que sans luy vous me seriez rauie,
Que pour payer des soins qui vous sauuent la vie,
C'est luy seul maintenant qui vous doit posseder,
Sans honte, & sans regret ie deuois vous ceder.
Ie l'ay fait par respect aux yeux de vostre pere,
Si cet aueu contraint aigrit vostre colere,
Princesse, ce present ne peut m'estre fatal,
Puisqu'au mesme moment ie l'oste à mon riual.
Par force, ou par iustice il vous rend à ma flame.

### ARGIE.

Pardonne, Alcidamas.

### ALCIDAMAS.

Ecoutez tout, Madame,
C'est à moy qu'il vous rend, mais las le croirez-vous ?
Non comme à son riual, mais comme à vostre époux.
Cet hymen supposé m'a rendu ma Princesse.

### ARGIE.

Qu'entens-je ? ah ! c'est ainsi que tu perds ta maistresse,
Tu deuois m'obtenir en ce fatal moment
Non de ta trahison, mais de moy seulement.

I ij

Dois-je cherir des feux qui me couurent de honte,
Qui par le crime seul triomphent de Cresphonte,
Et qui par vn affront à mon honneur fatal
Me donnent plus d'horreur que ceux de mon riual.

### ALCIDAMAS.

Vangez-vous, vangez-vous & punissez mon crime,
Mon amour qui l'a fait vous offre la victime,
Si deuant d'autres yeux il le faut expier
Je répandray mon sang pour vous iustifier
Et deuant mon riual, & deuant vostre pere.

### ARGIE.

Quoy ? mon pere l'a sceu, Dieux ! quelle est sa colere ?

### ALCIDAMAS.

Ie vay pour l'appaiser mettre mon crime au iour.
Cependant pardonnez ce crime à mon amour.

### ARGIE.

Ah ! ie ne fais point grace à qui m'oste mon pere,
Et sans plus differer ie vay le satisfaire.

### ALCIDAMAS.

Madame.

### ARGIE.

Laisse-moy.

### ALCIDAMAS.

Ie ne vous quitte point.

# TRAGICOMEDIE.

ARGIE.

Cette obstination me pique au dernier poinct.

ALCIDAMAS.

Quoy? ie vous quitterois sans auoir vostre grace.

ARGIE.

Va, ce n'est pas ainsi qu'vn tel affront s'efface.

## SCENE VI.

ALCIDAMAS seul.

Non, non, pour m'en lauer, Princesse, il faut mourir,
C'est le seul desespoir qui me peut secourir,
Mais au moins en suiuant vne si noble enuie
Trenchons auec honneur vne honteuse vie.
Portons sur l'ennemy ce sanglant desespoir,
Pour redoubler ses coups faisons-en vn deuoir.
Oüy, considere toy comme chargé des crimes
Qu'on ne peut expier que par mille victimes.
Et pour accroistre encor l'effet de tes douleurs
Cruel regarde en toy l'auteur de nos malheurs.
Mais aussi souuiens-toy qu'vne illustre victoire

*Doit effacer ta honte & racheter ta gloire.*
*Affranchir ce païs, flechir les immortels,*
*Vanger l'honneur du trosne, & celuy des Autels,*
*Rejoindre heureusement la sœur auec le frere,*
*Et rendre à son amour, & la fille & le pere.*
*Engageons nostre Roy dans vn si beau dessein,*
*Qu'il seconde le Dieu qui regne dans mon sein,*
*Si ie luy rens Merope, il doit me rendre Argie,*
*Qu'il serue mon amour auec la Messenie,*
*Qu'il rompe auec honneur vn funeste traicté*
*Sans attendre ce coup d'vn riual depité.*
*Aussi bien cette paix n'est qu'vne fausse amorce,*
*S'il l'a faut acquerir, gagnons-là par la force.*
*Reprens tous tes Estats ambitieux riual,*
*L'offre que tu nous fais est vn present fatal,*
*Moins digne de nos vœux qu'il ne l'est de nos larmes,*
*Nous nous affranchirons par l'effort de nos armes.*
*Que s'il faut succomber sous la hayne des Cieux,*
*Tu pourras triompher, mais non pas à nos yeux.*

Fin du quatriesme Acte.

# TRAGICOMEDIE. 71

# ACTE V.

## SCENE PREMIERE,

MEROPE, CRESPHONTE, ALCMENE.

### CRESPHONTE.

Erope, quel effroy trouble vostre visage?
I'y lis d'vn grand malheur quelque nouueau
presage.

### MEROPE.

Mais que puis-je moy-mesme en ce funeste iour
Iuger de nostre sort & de vostre retour?
Venez-vous releuer ou destruire Messene?
Portez-vous en ces lieux où l'amour ou la hayne
Et le cruel depit qui vous en a chassé
Par vn contraire effect sera-t'il effacé?
Vous ne répondez rien.

### CRESPHONTE.

*Lisez dans mon silence*
*De vos maux redoublez l'extreme violence:*
*Sparte est victorieuse, & vous estes deffaits.*

### MEROPE.

*Helas!*

### CRESPHONTE.

*J'auois dessein de couronner la paix,*
*Et bien que mon depart fist craindre vn sort contraire,*
*Malgré l'affront receu Messene m'estoit chere;*
*Mais vostre Alcidamas a mal interpreté*
*Vn depart innocent, mais trop precipité.*
*Iettant l'esprit du Roy dans les mesmes alarmes,*
*Il l'a mesme obligé de recourir aux armes.*
*A peine estois-je au camp qu'ils ont fondu sur nous,*
*Poussez d'vn mesme esprit & d'vn mesme courroux.*
*Ainsi leur desespoir a destruit mon ouurage.*
*Ie ne vous diray point ce qu'a fait leur courage,*
*Contemplant les grands coups de ces deux furieux,*
*J'ay long-temps soupçonné le raport de mes yeux.*
*Mais ce n'est rien au prix du grand Aristodeme.*
*Ie le mecognoissois, ce n'estoit plus luy-mesme.*
*M'approchant il m'a dict, mais d'vn ton affligé,*
*Ie suis content, Cresphonte, & vous estes vangé.*
*A ces mots ie l'ay veu partir comme vn tonnerre,*
*Et semblable au demon qui preside à la guerre,*

*Rompre*

# TRAGICOMEDIE.

Rompre nos escadrons, voler de rang en rang,
Et combler tout le camp de desordre & de sang.
Par des corps entassez il marque ses vestiges,
Et le Sparte confus de ces sanglans prodiges,
N'a soin que d'euiter les redoutables coups
Dont son bras les moissonne en son boüillant courroux.
Cette grande ame enfin de douleur accablee
Se dérobe à ma veuë entrant dans la meslee ;
Mais comme ie cherchois ses pas victorieux
Ie voy vostre grand Roy tomber deuant mes yeux.

### MEROPE.

Helas !

### CRESPHONTE.

A cet objet le Sparte prend courage,
Et pour mieux assouuir sa belliqueuse rage,
Si mes soins vigilans ne l'eussent conserué
Des bras de ses sujets il l'auroit enleué.
De cet illustre Roy le corps plein d'ouuertures
Au defaut de la voix parle par ses blessures ;
Et semble s'écrier, sauuez-moy de leurs mains.
Et ma langue & mon bras secondent ses desseins.
Ie repousse les vns, & i'anime les autres ;
J'arreste nos soldats & i'exhorte les vostres.
Quoy, dis-je, souffrez-vous qu'on vous enleue vn Roy?
Et pour qui meurt pour vous manquerez-vous de foy?

K

Ce discours fait cesser la frayeur qui les trouble,
Leur ame s'affermit, & leur pitié redouble.
Enfin pour seconder leur genereux effort
Abandonnant les miens ie l'ameine en ce fort.

### MEROPE.

Donc ie le puis reuoir.

### CRESPHONTE.

Il ne vit plus, Madame,
Dans mes bras, à mes yeux, ce Prince a rendu l'ame.

### MEROPE.

Il ne vit plus! ô mort que ie ne puis souffrir!

### CRESPHONTE.

Oyez ce qu'il a dit sur le poinct de mourir.
Si i'ay pû voir, dit-il, vos Autels sans victime,
Souuenez-vous, grãds Dieux! que l'amour fist mõ crime.
Que s'il a pû choquer vostre gloire & mon rang
Pour pouuoir l'expier ie vous offre mon sang.
Puis se tournant vers moy m'adresse ce langage.
Cresphonte, me dit-il, dont l'illustre courage
A paru si souuent pour les Messeniens,
Et qui pour les seruir abandonnas les tiens,
S'il reste de ce zele vn rayon dans ton ame
Pren soin des beaux objets de nostre chaste flame.

# TRAGICOMEDIE.

Qu'Argie & que Merope en cette extremité
Eprouuent iusqu'au bout ta generosité ;
Sois aussi doux vainqueur que defenseur fidelle,
Si ie ne puis la voir ny prendre congé d'elle,
Et si le Ciel me traite auec tant de rigueur,
Luy decouurant mon sort, decouure luy mon cœur.
Dy-luy que les malheurs où le Ciel l'abandonne
M'affligent beaucoup plus que la mort qu'il me donne,
Et que i'estimerois mon destin trop heureux
Si sa rigueur rendoit le sien moins rigoureux,
Qu'elle apprenne ma mort, mais qu'elle s'en console.
Merope... ce cher nom luy coupe la parole,
Sa paupiere se ferme à la clarté du iour,
Et son dernier soupir parle de son amour.
Mais enfin...

### MEROPE l'interrompant.

Permettez à ma douleur extreme
Que i'aille à ce grand Roy rendre l'honneur supreme,
Ne m'accompagnez point, ce funeste deuoir
Loin de me consolér croistroit mon desespoir:
Gardez pour vos malheurs toute vostre constance,
Vous en auez besoin dedans cette occurrence.
Vous n'estes mieux traité, ny plus heureux que moy.

# ARISTODEME,

CRESPHONTE.

*Quel coup peut s'égaler à la perte du Roy?*

MEROPE.

*Adieu.*

# SCENE II.

ALCMENE, CRESPHONTE.

CRESPHONTE.

*Silence obscur que ie ne puis comprendre!*
à Alcme-ne. *Explique à mon amour ce que ie viens d'entendre,*
*C'est luy seul, c'est luy seul qui craint à cette fois.*

ALCMENE.

*Que n'estois-je sans yeux ? que ne suis-je sans voix ?*
*Pour ne pas raconter cette étrange disgrace ?*

CRESPHONTE.

*Parle, & n'amoindris pas le coup qui me menace.*

ALCMENE.

*A peine Aristodeme, enflamé de courroux,*
*Que sa fille vous eust dedaigné pour époux,*

# TRAGICOMEDIE.

Eust sceu d'Alcidamas le discours temeraire,
Par le funeste aueu que vous veniez d'en faire,
Qu'il estima qu'Argie apres l'auoir aimé
Auoit sans son aueu cet hymen consommé.
Plein de ce sentiment il entre dans le Temple;
Mais auec vn transport qui n'eut iamais d'exemple,
Son esprit en desordre, & ses yeux égarez
Ne sçauent où guider ses pas mal asseurez.
Il paroissoit aux miens plus grand que de coustume,
D'vne maligne ardeur son visage s'allume,
Son cœur gros de soupirs l'vn par l'autre opprimez
N'exhale sa douleur qu'en sanglots mal formez,
Quelquesfois immobile, & puis tout hors d'haleine
Il s'arreste tantost, & tantost se promene;
Quelquefois vers la terre il attache ses yeux,
Puis par de longs regards semble percer les Cieux.
Enfin son corps tremblant, & son ame inquiete
Cherchant à demeurer dans vne ferme assiete
Il vient se prosterner aux marches de l'Autel,
Comme pour y souffrir le dernier coup mortel.
Puis tout à coup de terre il releue sa veuë,
Et du grand Iupiter regardant la statuë,
Ne pouuant autrement exprimer ses douleurs
Luy parle quelque temps par vn torrent de pleurs.
Sa voix dedans son sein trop long-temps retenuë
Comme vn foudre enfermé dans celuy de la nuë,
Rompt enfin sa prison, & par vn triste éclat
Ouure de son esprit le deplorable estat.

*Dieu, dit-il, qui voyez qu'vne fille infidelle*
*Viole vos decrets & s'oppose à mon zele,*
*Que n'exterminez-vous pour vanger nostre honneur*
*Cette ame subornee auec son suborneur?*
*Vous deuez proteger vostre gloire & la mienne,*
*Vangez-vous, vangez-moy, que rien ne vous retienne,*
*Si le Roy les soustient, qu'il sçache que les Rois*
*Tiennent de vous leur force, & sont dessous vos loix;*
*Si vous ne daignez pas faire vn tel sacrifice,*
*Seruez-vous de mon bras pour ce sanglant office;*
*Donnez-moy, s'il se peut, vostre foudre à lancer,*
*Et bien-tost à vos pieds ie vay les renuerser.*
*Il finissoit ces mots; quand sa fille tremblante*
*Pour monstrer à quel point elle estoit innocente,*
*La voix luy defaillant au fort de ses douleurs*
*Vient fondant à ses pieds les lauer par ses pleurs;*
*Cet abord le surprend, & la voyant muette*
*Il est de ce silence vn mauuais interprete,*
*Prend son estonnement pour vn aueu secret,*
*Et d'vn œil indigné ne la voit qu'à regret.*
*Puis soudain transporté comme d'vn zele extreme,*
*Ie t'adore, dit-il, diuinité supréme,*
*Et te rendray sans cesse vn honneur immortel,*
*Puis qu'enfin tu conduis la victime à l'Autel.*
*I'entens ce que tu veux, ou Vierge ou violee*
*Ma fille par mes mains te doit estre immolee,*
*Et doit perdre la vie en ce fatal moment*
*Pour le bien du païs, ou pour son chastiment.*

# TRAGICOMEDIE.

### CRESPHONTE.

*Je fremis.*

### ALCMENE.

A ces mots il tire son épee,
L'ame de desespoir & de rage occupée,
Et fermant son oreille aux tendresses du sang
D'vne main parricide il luy perce le flanc.

### CRESPHONTE.

O prodige d'horreur! ô monstre de nature!

### ALCMENE.

Son sang sort de sa playe, & sortant il murmure.
Mais malgré sa foiblesse embrassant ses genoux,
Sa fille tâche encor à flechir son courroux,
Pour ne pas l'écouter il destourne sa veuë,
Plus que le coup mortel cette rigueur la tuë,
Et voyant qu'il échappe à ses bras languissans
S'efforce à l'arrester par ces tristes accens.
    Pour le moins quand ie meurs écoutez-moy mon pere,
Dans l'estat où ie suis ne sçaurois-je vous plaire?
Goustez vostre vengeance & repaissez vos yeux
De la perte d'vn sang qui vous est odieux.
Souffrez qu'il puisse aumoins lauer mon infamie.
Sa voix réueille enfin la nature endormie,

*Il commence à la voir d'vn œil plus adoucy.*
*Tout ce qu'elle ressent, il le ressent aussi.*
*A ce soudain bonheur que le Ciel luy renuoye,*
*Argie alloit mourir par vn excez de ioye,*
*Mais le desir de voir ses parens detrompez*
*R'appelle les esprits qu'elle auoit dissipez.*
*Au poinct qu'auec le corps l'ame faisoit diuorce*
*Par vn soudain miracle on voit croistre sa force,*
*Et pousser ce discours pour se iustifier*
*D'vn soupçon que son sang ne pouuoit expier.*
*Je ne suis plus, dit elle, en estat de rien feindre,*
*Car enfin en mourant qu'est-ce que ie puis craindre ?*
*Aussi ne crains-je point, arbitres immortels,*
*De iurer à mon pere, & deuant vos Autels*
*Qu'Alcidamas a feint le crime qu'il m'impose,*
*Iustes Dieux! si ma mort merite quelque chose*
*Des-abusez, mon pere, & souffrez qu'auiourd'huy*
*Ie paye en expirant pour Messene & pour luy;*
*Ses vœux sont exaucez, cette belle victime*
*Tombant dedans son sang se laue de son crime.*

CRESPHONTE.

*Et vous l'auez souffert, Dieux! insensibles Dieux!*

ALCMENE.

# TRAGICOMEDIE.

## ALCMENE.

*Quand les siens sont fermez, son pere ouure les yeux,*
*Et voit dessus l'Autel pour comble de miseres*
*Son innocence écrite en sanglans caracteres.*
   *Alors le desespoir s'emparant de son cœur*
*Il deuient à luy-mesme vn objet plein d'horreur,*
*Il se fuit, & voulant s'éloigner de son crime*
*Il sort, puis reuenant, innocente victime*
*Prens, dit-il, dans ces pleurs, prens mes derniers adieux.*
*Se leuant à ces mots il échape à nos yeux,*
*Il court sur l'ennemy.*

## CRESPHONTE.

               *N'en dis pas dauantage,*
*J'ay veu dans le combat ce qu'a fait son courage,*
*Mais s'il auoit alors mille traits à lancer,*
*C'est par moy, c'est par moy qu'il deuoit commencer.*
*Si i'échappe belle ombre aux traits de vostre pere,*
*Souffrez que par mes mains i'aille vous satisfaire,*
*Toy conduis-moy de grace auprez de son tombeau.*
*Mais ie voy dans le Temple vn spectacle nouueau.*

L.

## SCENE III.
### & derniere.

ALCIDAMAS, ALCMENE, CRESPHONTE.

#### ALCIDAMAS.

Puis que les ennemis sont maistres de la ville,
Grands Dieux qui m'accordez ce Temple pour azile
Souffrez pour m'affranchir de la honte des fers
Que ie retrouue Argie alors que ie la pers;
Que vois-je?

#### CRESPHONTE.

Ah! pauure amant d'vne illustre Princesse,
Que ie te plains!

#### ALCIDAMAS.

Approche, & vien voir ta maistresse,
Voy le triste cercueil où son corps est reduit,
Voila de nostre amour le deplorable fruit,
Par les mains de son pere elle a perdu la vie;
Mais c'est plutost par nous qu'elle luy fut rauie

# TRAGICOMEDIE.

C'est ma lâche imposture, & ma ialouse humeur,
C'est ton zele, cruel, qui luy perça le cœur,
Mais ie dois expier & l'vn & l'autre crime,
De ses manes sacrez ie seray la victime;
Iouïs, iouïs du trône où t'appellent les Dieux,
Apres la mort d'Argie il m'est trop odieux,
Sur le corps de son Roy Merope l'a suiuie,
Son pere en combattant a veu trancher sa vie,
Et ie veux accablé d'vn excez de douleur,
Confondre en ce moment mon sang auec le leur.

Il se pe...

### ALCMENE accourant.

Que faites-vous, Seigneur?

### CRESPHONTE.

O Dieux!

### ALCIDAMAS.

    Cresphonte, Alcmene,
Ie vay rejoindre Argie, & pour calmer la haine
Qu'excita dans son ame vn discours criminel,
Exposer à ses yeux vn regret eternel:
Belle ombre, en quelque lieu que tu sois detenuë,
Sur cet infortuné daigne porter la veuë,
D'vn œil moins irrité regarde son trépas,
Sa derniere action ne te déplaira pas,

*Si son crime n'a pû meriter quelque grace,*
*Il ne tient pas à moy que mon sang ne l'efface,*
*Et mon cœur transpercé de son juste remors,*
*Se plaint de ne pouvoir endurer mille morts.*
*Ie me meurs.*

### ALCMENE.

*O malheur!*

### CRESPHONTE.

*O funeste auenture!*
*Allons-luy promptement donner la sepulture,*
*Et pour ne pas trahir vn exemple si beau,*
*Enseuelissons-nous dans le mesme tombeau.*

FIN.

www.ingramcontent.com/pod-product-compliance
Lightning Source LLC
LaVergne TN
LVHW050558090426
835512LV00008B/1221